Bisher erschienen

- Band 1: Der magische Blumenladen für Erstleser – Die verschwundenen Katzen
- Band 2: Der magische Blumenladen für Erstleser – Das geheimnisvolle Mädchen
- Band 3: Der magische Blumenladen für Erstleser – Der verzauberte Esel
- Band 4: Der magische Blumenladen für Erstleser – Die gestohlene Freundin

Der magische
Blumenladen

Gina Mayer

Die gestohlene Freundin

Mit Bildern von Horst Hellmeier

Heile, heile Segen!

Ravensburger

Bibliografische Information der Deutschen Nationalbibliothek:

Die Deutsche Nationalbibliothek verzeichnet diese Publikation
in der Deutschen Nationalbibliografie.
Detaillierte bibliografische Daten sind im Internet
über http://dnb.d-nb.de abrufbar.

1 2 3 4 5 E D C B A

© 2020 Ravensburger Verlag GmbH
Postfach 2460, 88194 Ravensburg
Text: Gina Mayer
Umschlagbild und Illustrationen: Horst Hellmeier auf Grundlage
der von Joëlle Tourlonias geschaffenen Illustrationen für
die Buchreihe „Der magische Blumenladen"

Vermittelt durch die Literaturagentur Arteaga

Printed in Germany
ISBN 978-3-473-36137-3

www.ravensburger.de

Inhalt

Willkommen

im magischen Blumenladen!

Tante Abigail hat einen Blumenladen. Was kaum jemand weiß: Im Garten hinter dem Haus wachsen magische Blumen und Tante Abigail ist eine Blumenzauberin.

Das Blumenbuch ist ein uraltes Zauberbuch. Wenn man die magische Gabe hat, dann zeigt es einem die Zauberblume, die man gerade braucht.

Violet besitzt die magische Gabe. Aber sie darf das Blumenbuch nicht benutzen, weil sie noch zu klein dafür ist.

Lady Madonna ist Tante Abigails Wellensittich. Sie kann sprechen und das tut sie auch die ganze Zeit.

Lord Nelson ist Tante Abigails Kater. Er kennt viele magische Geheimnisse und manchmal hilft er Violet.

Erdbeerzeit

„Weißt du, was heute für ein Tag ist?",
fragt Tante Abigail, als sie Violet morgens
weckt.
„Keine Ahnung." Violet setzt sich auf und
reibt ihre Augen.
„Erdbeertag!", ruft Tante Abigail.
„Lecker, lecker!", zwitschert Lady
Madonna, die auf Tante Abigails Schulter
sitzt. Der Wellensittich liebt Erdbeeren.
Genau wie Violet.

Die ist jetzt hellwach. In Tante Abigails Garten wachsen sehr viele Erdbeeren. In diesem Jahr wollen sie zum ersten Mal Erdbeereis machen. Tante Abigail hat nämlich eine Eismaschine gekauft.

„Darf Lottie auch mitmachen?", fragt Violet. Lottie geht in ihre Klasse und ist ihre Freundin. Sie ist verrückt nach Eis. Und Erdbeeren mag sie ebenfalls.

„Na klar, na klar!", ruft Lady Madonna.

„Na klar", sagt Tante Abigail. „Am besten bringst du sie gleich nach der Schule mit in den Blumenladen."

Lecker, lecker!

Lottie freut sich sehr, als Violet sie zum Eismachen einlädt. „Wenn es nur schon Nachmittag wäre", sagt sie.

Aber nun kommt die Lehrerin ins Klassenzimmer. Sie hat ein fremdes Mädchen dabei. „Das ist Hanna", sagt sie. „Sie ist neu in der Stadt und geht ab sofort in unsere Klasse."

Violet und Lottie sitzen zusammen an einem Tisch. Neben ihnen ist noch ein freier Stuhl. Das wird Hannas Platz.

In der Pause führen Lottie und Violet Hanna durch die Schule und zeigen ihr die Turnhalle und den Musikraum.

„Wo wohnst du denn?", fragt Lottie.

„Beim Supermarkt", antwortet Hanna. „Und ihr?"

„Violet wohnt im Blumenladen", sagt Lottie. „Und ich wohn direkt daneben. Praktisch, oder?"

„Lottie und ich waren schon im Kindergarten Freundinnen." Violet legt ihren Arm um Lottie.

„Ich hab ein rosa Pony aus Plüsch, auf dem man reiten kann", erzählt Hanna. „Und man kann sein Fell striegeln."

„Das würde ich gerne mal sehen", sagt Lottie.

„Dann komm mich doch heute Nachmittag besuchen", sagt Hanna.

Violet will gerade fragen, ob sie auch kommen kann, als ihr die Erdbeeren wieder einfallen. „Aber wir machen doch heute Erdbeereis", ruft sie. „Du wolltest mithelfen, Lottie!"

„Kann Hanna auch mitmachen?", fragt Lottie.

„Bestimmt", erwidert Violet.

Hanna schüttelt den Kopf. „Das geht leider nicht. Wenn ich auch nur eine einzige Erdbeere esse, bekomme ich einen grässlichen roten Ausschlag und krieg keine Luft mehr."

„Das ist ja schlimm", findet Violet.

„Also, kommst du dann zu mir nach Hause?", fragt Hanna Lottie.

Lottie zögert einen Moment. „Klar", sagt sie dann.

Die Erdbeeren sind prall und süß. Tante Abigail und Violet haben schon viele gepflückt. Das Beet ist fast leer. Nur an dem Zaun, hinter dem die Zauberblumen wachsen, gibt es noch ein paar Beeren. Als Violet sie pflückt, steigt ihr ein seltsamer, bitterer Geruch in die Nase. „Was riecht denn hier so komisch?", fragt sie.

„Das ist die Adios-Blume." Tante Abigail zeigt auf eine Blume mit giftgelben Blüten, die direkt hinter dem Zaun steht. „Der Geruch ist nicht angenehm, aber sie kann manchmal sehr hilfreich sein."

„Warum?", fragt Violet.

„Die Adios-Blume vertreibt Pickel, Hühneraugen, Schnecken und schlechte Laune. Und alles, was man sonst noch gerne loswerden möchte." Tante Abigail nimmt die Schüssel mit den Erdbeeren.

„So, das war's! Ab in die Küche, jetzt wird die Eismaschine ausprobiert!"

Violet darf alles ganz allein machen. Sie mixt Zucker, Sahne, Erdbeeren, Milch und ein bisschen Zitronensaft zusammen und nun wird es gefroren.

Es dauert nur eine Stunde, bis alles fertig ist. Violet und Tante Abigail probieren es gleich, es schmeckt super!

Während Violet ihr Eis löffelt, muss sie an
Lottie und Hanna denken. Was die beiden
wohl gerade machen? Wahrscheinlich
spielen sie mit Hannas pinkem Pony.
„Das war gut." Tante Abigail schiebt ihren
leeren Eisbecher weg. „Möchtest du noch
mehr?"
„Nee, ich platze gleich", sagt Violet.
„Bitte schön! Danke schön!", zwitschert
Lady Madonna. Sie hat schon zwei dicke
Erdbeeren weggepickt, aber sie kriegt nie
genug.

„Du nicht, Madonna. Sonst bekommst du
Bauchschmerzen", sagt Tante Abigail.
Aus dem Rest der Erdbeeren will Tante
Abigail Marmelade kochen. Doch nun
merkt sie, dass der Zucker alle ist.
„Würdest du zum Supermarkt laufen und
mir welchen holen, Violet?", fragt sie.
„Na klar." Violet nimmt das Geld und flitzt
los.
Auf der Straße begegnet sie Lottie, die
gerade nach Hause geht.
„Wie war's bei Hanna?", fragt Violet.

„Super", sagt Lottie. „Sie hat krasse Spielsachen. Wie ist das Eis geworden?"

„Lecker!", ruft Violet. „Du kannst es morgen probieren."

„Mal sehen", erwidert Lottie. „Ich bin eigentlich mit Hanna verabredet."

„Sie kann ja mitkommen", meint Violet.

„Aber sie darf doch kein Erdbeereis essen", sagt Lottie.

Als Violet den Supermarkt erreicht hat, kommt gerade eine Frau aus dem Laden. Neben ihr läuft Hanna. Bestimmt ist die Frau ihre Mama. Violet will Hanna rufen, aber in diesem Moment sieht sie, wie Hanna eine Erdbeere aus der offenen Einkaufstasche ihrer Mama stibitzt. Sie schiebt sie in den Mund und isst sie auf. Violet erstarrt. Ob Hanna jetzt Ausschlag bekommt?

Aber das passiert nicht. Hanna schnappt auch nicht nach Luft. Sie hüpft vergnügt neben ihrer Mama her, dann verschwinden sie in einem Haus neben dem Supermarkt.

Violet wird sauer

Am nächsten Morgen erzählt Violet Lottie
von Hanna und der Erdbeere.
„Du hast dich bestimmt vertan", sagt
Lottie. „Wahrscheinlich hat sie ein rotes
Bonbon gegessen. Oder ein Radieschen."
Hm. Vielleicht hat Lottie recht und Violet
hat sich wirklich getäuscht. Warum sollte
Hanna sie auch anlügen?
„Hanna ist echt supernett", fährt Lottie
fort. „Vielleicht können wir …"
Weiter kommt sie nicht, denn jetzt taucht
Hanna neben ihnen auf. „Guck mal, was
ich habe!", ruft sie und zieht zwei kleine
Einhörner aus der Tasche. „Die hat mir
mein Papa gestern mitgebracht."
„Die sind aber süß!" Violet und Lottie sind
begeistert.
In der Pause spielen Hanna und Lottie mit

den Einhörnern. Violet würde auch gerne mitmachen, aber es gibt ja nur zwei.

„Vielleicht spielen wir lieber etwas anderes", schlägt Lottie vor. „Verstecken. Oder Fangen."

„Das geht leider nicht", sagt Hanna. „Ich hab was Schlimmes am Fuß und darf nicht rennen."

„Ach, du Arme", sagt Lottie. „Na, dann wechseln wir uns eben mit den Einhörnern ab. Damit Violet auch mitmachen kann."

Hanna verdreht die Augen. „Na gut."

Doch jetzt hat Violet keine Lust mehr.

Sie rennt schnell weg. Dann spielt sie eben mit den anderen Kindern. Hanna ist ihr echt zu blöd.

Am Mittwoch haben Violet und Lottie Turnen. Violet holt Lottie immer ab und sie gehen gemeinsam zur Sporthalle.

Hoffentlich kommt Lottie überhaupt mit,
denkt Violet, als sie bei ihrer Freundin
klingelt. Nicht, dass sie wieder mit Hanna
verabredet ist.
Nun macht Lottie die Tür auf. Sie hat
ihren Sportbeutel schon über der Schulter.
„Da bist du ja endlich!", ruft sie.
Puh, Violet ist erleichtert.

In der Turnhalle machen sie zum Aufwärmen erst mal ein Spiel: Schubkarren-Rennen. Violet und Lottie sind ein Team, Violet ist die Läuferin und Lottie die Schubkarre. Zusammen sind sie superschnell, sie überholen alle anderen und gehen als Erste durchs Ziel. Danach wird gewechselt. Nun ist Violet die Schubkarre und Lottie muss rennen. „Wir gewinnen noch einmal!", sagt Violet. „Auf jeden Fall!", ruft Lottie.

„Auf die Plätze, fertig, los!" Die Trainerin
klatscht in die Hände und alle starten.
Aber was ist das? Lottie lässt plötzlich
Violets Füße los.
„Da ist Hanna!", ruft sie.
Violet rappelt sich auf und guckt zur Tür.
Stimmt, da steht Hanna und winkt ihnen
zu.

„Ich mach jetzt auch beim Turnen mit!",
verkündet sie laut.

„Was?" Violet schüttelt den Kopf. „Ich
dachte, du hast was am Fuß und darfst
nicht rennen."

„Das ist zum Glück wieder gut", sagt
Hanna.

„So ein Quatsch", sagt Violet. Aber Lottie
hört sie gar nicht. Sie ist schon zu Hanna
gerannt und umarmt sie.

Das Schubkarren-Rennen ist inzwischen
vorbei, die anderen sind schon lange am
Ziel. Jetzt werden Bälle ausgeteilt.

„Sollen wir zusammen spielen, Lottie?",
fragt Hanna. „Bitte, bitte! Ich kenn doch
hier noch keinen."

„Okay, Violet?" Hanna guckt Violet an.
Violet schnaubt laut und wütend, aber das
kriegt Lottie wieder nicht mit, weil Hanna
ihr schon einen Ball zuwirft.

Violet ist supersauer. Warum muss sich Hanna überall reindrängen? Auf einmal macht das Turnen überhaupt keinen Spaß mehr.

Nach der Stunde zieht sie sich ganz schnell an und rennt nach Hause, ohne auf Lottie und Hanna zu warten.

„Da bist du ja schon wieder!", wundert sich Tante Abigail, als Violet in den Blumenladen kommt. „Du wolltest doch noch mit Lottie auf den Spielplatz."
„Hanna ist so gemein!", ruft Violet. Dann muss sie schrecklich weinen.

„Was ist denn passiert?", fragt Tante Abigail erschrocken.

Lord Nelson maunzt und streicht um Violets Füße. Der Kater mag es gar nicht, wenn Violet traurig ist.

„Ach du meine Güte." Tante Abigail zieht Violet an sich und streichelt ihre Haare. „Nun beruhig dich doch erst mal."

„Heile, heile Segen!", zwitschert Lady Madonna. Auch sie will Violet trösten.

Heile, heile Segen!

„So, jetzt erzähl mal", sagt Tante Abigail.
„Was ist mit Hanna?"

„Sie will mir Lottie wegnehmen", schluchzt
Violet. „Dabei ist das doch meine
Freundin!"

„Könnt ihr nicht zu dritt spielen?", fragt
Tante Abigail.

„Nein." Violet schüttelt den Kopf. „Hanna
kann mich überhaupt nicht leiden."

„Vielleicht ist es ja genau umgekehrt",
überlegt Tante Abigail. „Hanna denkt,
dass du sie nicht magst. Deshalb ist sie
so komisch."

„Das glaub ich nicht", sagt Violet.

„Ich hab eine Idee", sagt Tante Abigail.
„Warum machst du nicht einfach eine
Party und lädst alle deine Freunde ein?
Auch Hanna. Dann merkt sie, wie nett du
bist. Und sie lernt auch die anderen
kennen."

„Aber ich hab doch gar nicht Geburtstag",
sagt Violet.

„Wir machen eine Einfach-so-Party",
erklärt Tante Abigail. „Mit Erdbeereis und
Limonade und vielen lustigen Spielen.
Das wird super!"

„Olé, olé, olé, olé!", zwitschert Lady
Madonna. Sie liebt Partys.

„Hanna bekommt aber Ausschlag von
Erdbeereis", sagt Violet.

„Dann kriegt sie eben Vanille", antwortet
Tante Abigail.

Achtung, Überfall!

Die Party findet am Samstag statt und
alles fängt gut an. Das Wetter ist nämlich
super! Die Sonne brennt heiß vom
Himmel.
Alle haben Badesachen mitgebracht.
Sie füllen Luftballons mit Wasser
und dann machen sie im Garten eine
Wasser-Bomben-Schlacht. Die Kinder
sind mit Feuereifer dabei, nur Lord Nelson
flüchtet sich auf den obersten Ast des
Apfelbaums und faucht zu ihnen herunter.
Der Kater hasst Wasser.
Lady Madonnas Käfig hängt in den
Zweigen. Der Wellensittich flattert
aufgeregt auf und ab und feuert die Kinder
an.
„Attacke!", piepst Madonna. „Schalala!"
Hanna hat ebenfalls viel Spaß. Nur leider

klebt sie an Lottie wie ein Kaugummi an einem Schuh. Als sie später Eis essen, tuschelt sie die ganze Zeit mit ihr.

Tante Abigail klatscht in die Hände. „Jetzt gibt es ein neues Spiel: ein Wettrennen zu zweit. Jedem Paar wird das linke und rechte Bein zusammengebunden und ihr müsst gemeinsam laufen. Okay?"

„Super!" Hanna legt den Arm um Lottie. „Wir sind zusammen."

„Nein", sagt Tante Abigail. „Die Paare werden ausgelost."

Das ist sehr clever von ihr, findet Violet. Auf diese Weise muss Hanna auch mal was mit jemand anderem machen.

Violet schreibt alle Namen auf Zettel und wirft sie in eine Schüssel. Dann kommt ein Tuch darüber. Hanna darf ziehen.

Auf dem ersten Zettel steht: Lottie. Hanna zieht den zweiten Zettel.

„Violet", liest sie vor.

Hanna verzieht das Gesicht und beginnt plötzlich zu wimmern.

„Was ist denn jetzt?", fragt Tante Abigail.

„Mir ist auf einmal total schlecht", sagt Hanna. „Vielleicht hab ich doch eine Erdbeere erwischt."

„Du hast doch Vanilleeis gegessen", erwidert Violet.

„Mir geht es richtig übel."

Hanna legt die Hand auf ihren Bauch und hustet. „Ich muss nach Hause." Ihr Blick wandert zu Lottie. „Begleitest du mich?"
Lottie nagt an ihrer Unterlippe. „Ich darf aber noch bis sechs hierbleiben."
Da füllen sich Hannas Augen mit Tränen und sie fängt zu weinen an.
„Bitte, bitte, begleite mich", schluchzt sie.
Sie schlingt die Arme um ihren Bauch und hustet noch lauter. „Mir geht es so schlecht!"
„Nicht weinen, Hanna!", ruft Lottie schnell. „Natürlich komm ich mit!"

„Hanna lügt!", ruft Violet, als die Party zu Ende ist. „Ihr war überhaupt kein bisschen schlecht, da bin ich mir sicher."

„Aber warum macht sie das?", fragt Tante Abigail. „Das verstehe ich nicht."

„Das ist doch klar", sagt Violet. „Sie will Lottie nur für sich. Aber das kann sie vergessen. Das werde ich verhindern."

„Und was willst du tun?", fragt Tante Abigail.

„Na ja." Violet zögert einen Moment. „Wir könnten doch vielleicht ..." Sie macht eine Pause und zwinkert Tante Abigail zu.

„Ja?", fragt Tante Abigail misstrauisch.

„Wir könnten das magische Buch befragen", flüstert Violet. „Damit es uns eine Zauberblume zeigt, die Lottie von Hanna befreit."

„Aber damit ist Hanna doch auch nicht geholfen", sagt Tante Abigail.

„Na und?", ruft Violet. „Ich will Hanna auch gar nicht helfen. Ich will, dass sie Lottie in Ruhe lässt!"

Tante Abigail verschränkt die Arme vor der Brust und sieht Violet streng an. „Das ist kein Fall für das magische Buch", sagt sie. „Wenn Hanna Lottie nervt, muss Lottie sich eben wehren."

„Und wenn sie das nicht tut?" Violet stampft mit dem Fuß auf. „Hanna darf mir Lottie nicht einfach wegnehmen. Das ist total gemein!"

„Aber Violet!" Tante Abigail streicht ihr über den Kopf. „Lottie gehört dir doch nicht. Bestimmt hat sie bald genug von Hanna. Komm, wir räumen jetzt mal den Garten auf."

In dieser Nacht kann Violet überhaupt nicht einschlafen. Sie ist so wütend. Auf

Hanna, aber auch auf Tante Abigail. Die ist doch eine Blumenzauberin, warum hilft sie Violet nicht? Und wieso versteht sie nicht, dass Lottie viel zu nett ist, um sich gegen Hanna zu wehren?

Violet schlägt die Decke zurück und klettert aus dem Bett. Wenn Tante Abigail das magische Buch nicht befragen will, dann wird sie es eben selbst tun. Und zwar jetzt gleich.

Doch vorher muss sie es erst mal finden. Das Buch ist irgendwo im Blumenladen versteckt, das weiß Violet. Aber wo genau, weiß sie leider nicht.

Auf Zehenspitzen schleicht sie durch den Flur und die Treppe runter. Durch die Hintertür betritt sie den Laden. Hier ist alles dunkel. Die Blumen duften in der Nacht noch stärker als am Tag.

„Halli, hallöchen?" Das ist Lady Madonnas Stimme. Der Vogelkäfig ist abgedeckt, doch Madonna hat Violet gehört. „Bitte schön?"

„Leise, Madonna!" Violet zieht das Tuch vom Käfig und öffnet die Tür. Als sie ihre

Hand ausstreckt, hüpft Lady Madonna auf ihren Zeigefinger.

„Guten Morgen!", zwitschert sie.

„Noch nicht", flüstert Violet. „Wo ist das magische Buch, Lady Madonna?"

„Nein, nein, nein, nein, nein!", zwitschert der kleine Vogel.

Lady Madonna weiß nämlich genau, dass Violet das Buch nicht nehmen darf.

„Du musst es mir zeigen", wispert Violet.
„Ich brauch es unbedingt."
„Du, du, du, du, du!" Der Wellensittich
fliegt quer durch den Laden zu einem
kleinen Schrank. Er setzt sich auf den
Türgriff und breitet die Flügel aus.
„Weg da, weg!"
Ha! Lady Madonna ist wirklich nicht sehr
klug.
„Achtung, Überfall!", zetert der Vogel, als
Violet die Schranktür aufzieht.
Aber was ist das? Das Schränkchen ist
leer.
„Hoppla!" Lady Madonna ist offenbar
genauso überrascht. „Niemand zu Hause."
So ein Mist! Nun muss Violet doch
suchen. Sie guckt unter jede Vase, in
jedes Fach, hinter alle Eimer und in jede
Schublade. Aber von dem gelben Buch
fehlt jede Spur.

„Wo kann es nur sein?", murmelt Violet.
In diesem Moment geht plötzlich das Licht
an. In der Tür steht Tante Abigail.
„Was machst du denn hier unten, Violet?",
fragt sie.

Das Tränende Herz

„Ich, äh …" Violet räuspert sich. „Ich wollte mir etwas zu trinken holen."

„Hier im Laden?", fragt Tante Abigail.

„Also, ich …" Jetzt weiß Violet nicht mehr weiter.

„Am besten, du gehst jetzt wieder schlafen", sagt Tante Abigail. „Ich bring dir gleich noch ein Glas Wasser."

„Gute Nacht", piepst Lady Madonna. Während Tante Abigail den Wellensittich einfängt, geht Violet nach oben. Die Wohnzimmertür ist offen. Als Violet daran vorbeigeht, fällt ihr Blick aufs Sofa. Dort liegt ein großer gelber Wälzer: das magische Blumenbuch! Tante Abigail hat wohl gerade darin gelesen.

Violet zögert keine Sekunde. Sie flitzt ins Zimmer und klappt das Buch auf. Weil sie

die magische Gabe hat, öffnet es sich für
sie immer an der richtigen Stelle und zeigt
ihr genau die Blume, die sie gerade
braucht.
Über der offenen Seite schwebt eine
hübsche rote Blume. Sie duftet lecker
nach Honig und Zimt.
Nur Violet sieht die Blume in der Luft
schweben. Und auch den Duft kann nur
sie riechen. Für alle anderen ist es ein
ganz normales Buch mit ganz normalen
Bildern.

Sie liest die Überschrift. „Tränendes Herz",
steht da. Und darunter:

Tränendes Herz
Diese Zauberblume
bringt einen dazu, sein
Herz auszuschütten.

Hä? Was soll das denn? Sie musst
niemanden dazu bringen, sein Herz
auszuschütten. Sie braucht eine
Zauberblume, die Lottie von Hanna
befreit.
Schnell, noch ein Versuch. Sie schlägt
das Buch wieder zu, schließt kurz die

Augen und öffnet es erneut.

Mist, Mist, Mist! Da ist schon wieder dieses blöde Tränende Herz. Das Buch muss kaputt sein!

Für einen dritten Versuch ist leider keine Zeit mehr. Violet hört, wie Tante Abigail die Treppe hochkommt.

Sie macht das Buch zu und huscht in ihr Zimmer.

„Hier ist dein Trinken." Tante Abigail bringt Violet ein Glas Wasser und gibt ihr einen Kuss. „Jetzt kannst du bestimmt schlafen."

Und genauso ist es auch. Violet schläft ein. Doch dann wacht sie mit einem Ruck wieder auf. Irgendwas hat sie geweckt, aber was? Violet setzt sich im Bett auf und blickt sich um. Da! Aus der Dunkelheit leuchten ihr zwei grüne Augen entgegen. Wie gruselig!

„Miauuu!", macht eine vertraute Stimme.
Violet knipst ihre Lampe an. Lord Nelson
steht mitten im Zimmer und sieht sie an.
Sie ist sehr erleichtert, dass er kein
Gespenst ist. Aber wie ist er zu ihr ins
Zimmer gekommen? Ihre Tür ist doch zu!
„Was willst du von mir?", fragt Violet.
„Miau", macht Lord Nelson noch einmal.
Dann dreht er sich um und geht zur Tür.
„Miaaaaauuuu!" Er guckt Violet
ungeduldig an.
„Ich komme ja schon." Sie springt aus
dem Bett und läuft zu ihm.

In der Wohnung ist jetzt alles dunkel. Aus
Tante Abigails Schlafzimmer dringt leises
Schnarchen. Violet huscht hinter Lord
Nelson her, der schon auf der Treppe ist.
Ob er in den Blumenladen läuft?
Normalerweise beschützt der Kater das

magische Buch, er will nicht, dass Violet
es nimmt. Vielleicht macht er heute eine
Ausnahme?
Nein, Lord Nelson rennt zu der Tür, die in
den Hof führt.
Sie quietscht leise, als Violet sie öffnet.
Hoffentlich hat Tante Abigail das nicht
gehört! Violet lauscht aufgeregt, aber im
Haus bleibt alles still.
Der Kater ist schon nach draußen
geschlüpft, er steht im Hof und wartet auf

sie. Was hat er bloß vor?

Er rennt zu Tante Abigails Garten, in dem die Zauberblumen wachsen. Mit klopfendem Herzen eilt Violet ihm nach. Am Himmel leuchtet der Vollmond, trotzdem ist es schrecklich dunkel hier draußen.

Lord Nelson springt mit einem großen Satz über den Zaun. Violet öffnet die Pforte und tritt in den Garten.

Wo ist der Kater denn plötzlich hin? Er ist nirgends mehr zu sehen.

„Miauu!" Das Maunzen kommt von dort hinten. Lord Nelson sitzt vor einer niedrigen Pflanze. Als Violet näherkommt, steigt ihr ein Duft nach Honig und Zimt in die Nase. Und jetzt sieht sie im Mondschein die herzförmigen Blüten.
Es ist das Tränende Herz.
O nein! Der Kater will ihr gar nicht helfen, er will sie nur veräppeln.

Lord Nelson hat vorhin mitbekommen, dass Violet heimlich das Buch befragt hat. Und nun hat er sie hierhergeschleppt, um ihr die nutzlose Blume zu zeigen.

„Mauuuu." Lord Nelson maunzt noch lauter.

„Sehr witzig, Nelson." Violet gähnt laut. Dann marschiert sie zurück. Als sie den Garten verlässt, fällt ihr Blick auf eine Pflanze mit giftgelben Blüten. Sie verströmt einen bitteren Geruch.

„Die Adios-Blume", flüstert Violet. Und
jetzt fällt ihr auch wieder ein, was Tante
Abigail über die Blume gesagt hat:
Die Adios-Blume vertreibt Pickel,
Hühneraugen, Schnecken und schlechte
Laune. Und alles, was man sonst noch
gerne loswerden möchte.
„Zum Beispiel Hanna", murmelt Violet.

Erdbeereis für alle!

Bevor Violet am nächsten Morgen zur Schule geht, flitzt sie noch in den Garten. Sie pflückt eine Adios-Blüte und versteckt sie in ihrem Schulranzen. Und jetzt schnell, denkt sie. Wenn sie sich ein bisschen beeilt, erwischt sie Hanna noch vor der Schule.

Aber als Violet sich umdreht, stolpert sie fast über Lord Nelson. Der sitzt nämlich genau hinter ihr, mit einer rosa Blume im Maul: dem Tränenden Herz.

„Miau." Lord Nelson lässt die Zauberblume vor ihre Füße fallen.

„Was willst du denn immer mit dieser Blume?", sagt Violet. „Ich weiß echt nicht, was das soll. Ich brauch die nicht."

Lord Nelson macht einen Buckel und faucht.

„Na gut." Violet hebt die Blume auf und
steckt sie in die Jackentasche. „Ich nehm
sie mit, siehst du? Aber nun muss ich los,
sonst verpass ich Hanna."

Hanna verlässt gerade das Haus, als
Violet bei ihr ankommt. Sie ist sehr
erstaunt, als sie Violet sieht.
„Wolltest du mich abholen?", fragt sie.

„Ja. Ich wollte dir nämlich etwas geben."
Violet macht ihren Ranzen auf, um die
Adios-Blume herauszuholen.
„Du hast da was verloren." Hanna bückt
sich und hebt das Tränende Herz auf,
das Violet aus der Tasche gefallen ist.
„Hm, die Blume ist aber schön. Und sie
duftet so gut."
„Ja, ja." Violet wühlt in ihrem
Schulranzen. Wo zum Teufel steckt die
verflixte Adios-Blume?
Sie guckt verwirrt auf,
weil sie plötzlich
ein Schluchzen
hört.

Tränen laufen über Hannas Gesicht. Was ist denn jetzt los?

„Es ist ja gar nicht so, wie du denkst", jammert Hanna.

„Was ist nicht so, wie ich denke?", fragt Violet.

„Ich will dir Lottie nicht wegnehmen", schluchzt Hanna. „Ich leih sie mir nur aus. Weil ich immer zu spät komme."

„Wie bitte?" Violet kapiert gar nichts mehr. Was ist denn mit Hanna los? Dann fällt ihr Blick auf das Tränende Herz, das Hanna immer noch in der Hand hält. Die Zauberblume bringt einen dazu, sein Herz auszuschütten, hat Violet im magischen Buch gelesen. Und genau das tut Hanna jetzt.

„Ich weiß einfach nicht, was ich sonst machen soll", sagt Hanna. „Meine Eltern ziehen ständig um, wegen ihrer Arbeit.

Und jedes Mal komm ich in eine neue
Schule." Hanna schnieft. „Aber die netten
Mädchen haben überall schon eine beste
Freundin. So wie du und Lottie. Und für
mich ist niemand übrig."

„Deshalb hast du beschlossen, dass du
mir Lottie wegnimmst", sagt Violet.

„Na ja." Hanna guckt Violet zerknirscht an.
„Es ist ja nicht für lange. Wir ziehen
bestimmt bald wieder weg. Dann kriegst
du Lottie zurück." Nun füllen sich ihre
Augen erneut mit Tränen. „Es ist so schön,
eine Freundin zu haben. Bitte, bitte, lass
sie mir."

Violet ist ratlos. Gerade eben wollte sie
Hanna noch unbedingt loswerden. Jetzt
tut sie ihr schrecklich leid. Diese ständige
Umzieherei ist bestimmt nicht schön.
Plötzlich fällt ihr wieder ein, was Tante
Abigail gestern gesagt hat.

„Lottie gehört mir doch gar nicht", erwidert Violet. „Also kann ich sie auch nicht verleihen. Aber ich hab eine bessere Idee. Wie wäre es denn mit zwei besten Freundinnen?"

„Zwei beste Freundinnen?" Hanna wischt sich die Tränen ab. „So was geht doch gar nicht."

„Klar geht das", sagt Violet.

„Wir machen es einfach."

Tante Abigail steckt den Kopf
durch die Tür.
„Will hier jemand Eis?"

„Ja, bitte!", zwitschert Lady Madonna, die
oben auf der Lampe sitzt.
„Ja, bitte!", rufen auch Violet, Lottie und
Hanna.
„Erdbeer oder Vanille?", fragt Tante
Abigail.
„Erdbeer!", rufen die Mädchen im Chor.
„Dann mal schnell", sagt Tante Abigail.
„Bevor alles schmilzt."

Die Mädchen rennen rasch in die Küche und Lady Madonna flattert hinterher. Als sie sich an den Tisch setzen, springt Lord Nelson auf Hannas Schoß. Sie krault ihn hinter den Ohren, da beginnt er laut zu schnurren.

„Guck mal, er möchte auch mit dir befreundet sein", sagt Violet.

„Jetzt sind wir schon zu viert!" Hanna lacht.

„Freunde kann man nie genug haben", erklärt Lottie.

„Na klar, na klar!", ruft Lady Madonna. „Ende gut! Alles gut!"

Magisches Lesefutter
ab 8 Jahren

ISBN 978-3-473-**40405**-6

ISBN 978-3-473-**40406**-3

ISBN 978-3-473-**40407**-0

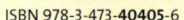

ISBN 978-3-473-**40408**-7

ISBN 978-3-473-**40409**-4

ISBN 978-3-473-**40410**-0

ISBN 978-3-473-**40415**-5

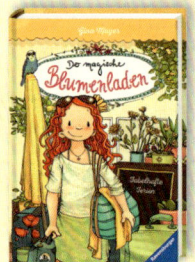

ISBN 978-3-473-**40416**-2

ISBN 978-3-473-**40418**-6

Ravensburger

ERZ_15_042

Noch mehr Blumenmagie

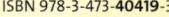

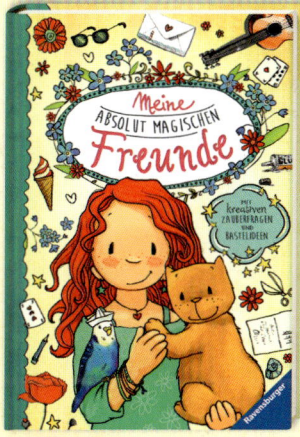

Ein Brief voller Geheimnisse

Der magische Blumenladen, Band 10

Durch Zufall entdeckt Violet einen
Liebesbrief ihres Vaters an ihre
verstorbene Mutter. Nun hat sie
endlich einen Namen – und tausend
Fragen!

ISBN 978-3-473-**40419**-3

**Meine absolut magischen Freunde –
Freundebuch**

Ein liebevoll gestaltetes, kreatives
Eintragebuch mit viel Platz für alle
Freunde und Klassenkameraden,
Geburtstagskalender und tollen
Bastelideen und Rezepten für
Allerbeste-Freundinnen-Stunden.

EAN 4049817-**40420**-1

Ravensburger